A DOSE DO DIA
(A DOZEN A DAY)

Exercícios técnicos
PARA PIANO
a serem executados todos os dias
ANTES *da aula*

por
Edna - Mae Burnam
Tradução de Bruno Quaino

2º LIVRO
(Transitório)

Nº Cat.: BQ068

© Copyright 1953 by THE WILLIS MUSIC CO. - Cincinnati (Ohio) - USA.
International Copyright Secured - All rights reserved.

HAL•LEONARD® CORPORATION
7777 W. BLUEMOUND RD. P.O. BOX 13819 MILWAUKEE, WI 53213

Publicado sob licença de Hal Leonard Co.

Todos os direitos reservados,
para língua portuguesa no Brasil, a

Irmãos Vitale Editores Ltda.
vitale.com.br
Rua Raposo Tavares, 85 São Paulo SP
CEP: 04704-110   editora@vitale.com.br   Tel.: 11 5081-9499

CIP-BRASIL. CATALOGAÇÃO NA FONTE
SINDICATO NACIONAL DOS EDITORES DE LIVROS - RJ.

B919d

Brunam, Edna-Mae, 1907-2007.
  A dose do dia : exercícios técnicos para piano a serem executados todos os dias antes da aula, 2º livro (transitório) / Edna-Mae Burnam ; tradução Bruno Quaino. - 1. ed. - São Paulo : Irmãos Vitale, 2013.
  40 p. : il. ; 28 cm.

Tradução de: A dozen a day
Inclui índice
ISBN 978-85-7407-388-0

1. Música. 2. Música para piano. 3. Partituras. I. Título.

13-04799

CDD: 786.2
CDU: 78.089.7

02/09/2013   04/09/2013

INDICE

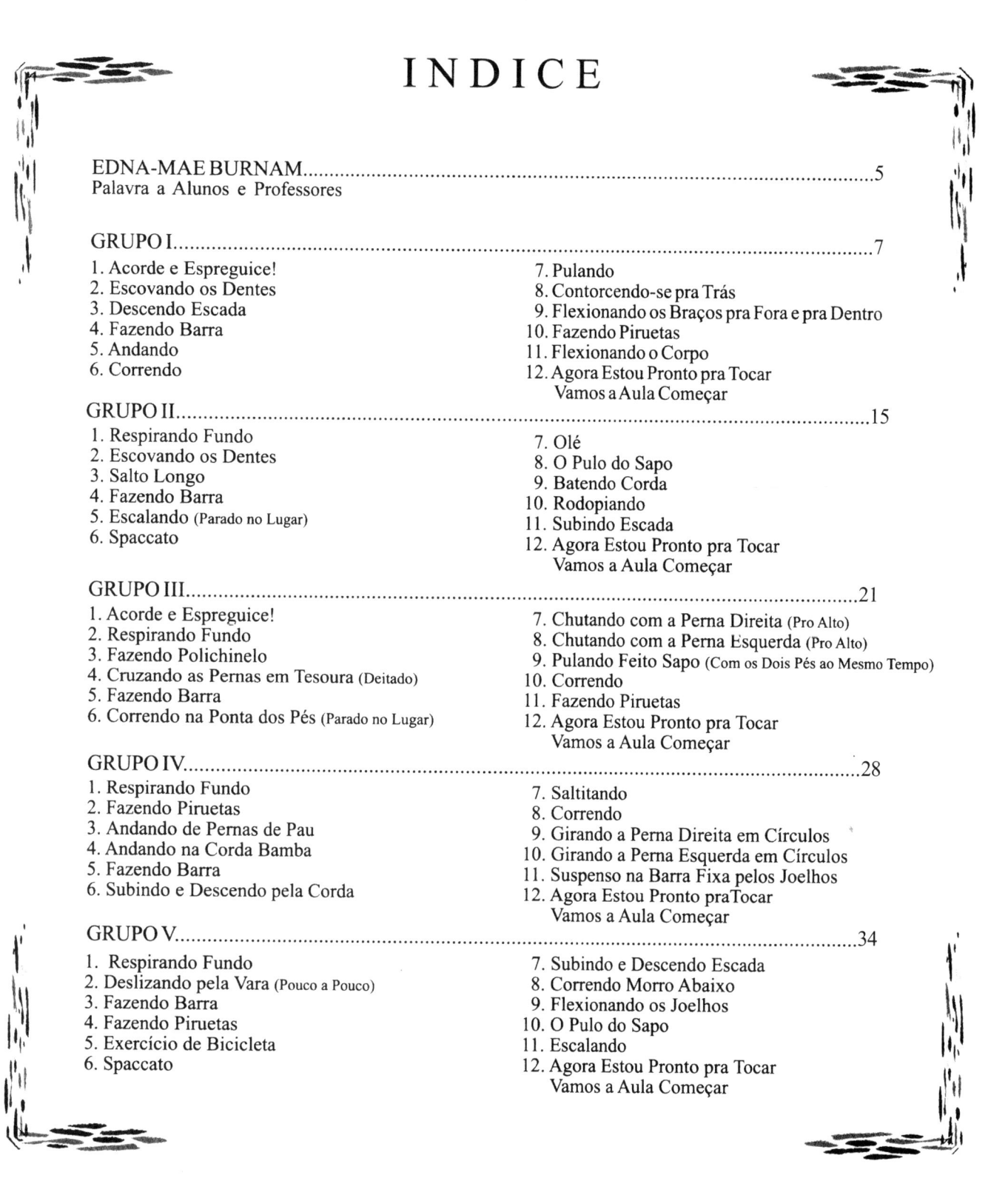

EDNA-MAE BURNAM..5
Palavra a Alunos e Professores

GRUPO I...7
1. Acorde e Espreguice!
2. Escovando os Dentes
3. Descendo Escada
4. Fazendo Barra
5. Andando
6. Correndo
7. Pulando
8. Contorcendo-se pra Trás
9. Flexionando os Braços pra Fora e pra Dentro
10. Fazendo Piruetas
11. Flexionando o Corpo
12. Agora Estou Pronto pra Tocar
    Vamos a Aula Começar

GRUPO II...15
1. Respirando Fundo
2. Escovando os Dentes
3. Salto Longo
4. Fazendo Barra
5. Escalando (Parado no Lugar)
6. Spaccato
7. Olé
8. O Pulo do Sapo
9. Batendo Corda
10. Rodopiando
11. Subindo Escada
12. Agora Estou Pronto pra Tocar
    Vamos a Aula Começar

GRUPO III...21
1. Acorde e Espreguice!
2. Respirando Fundo
3. Fazendo Polichinelo
4. Cruzando as Pernas em Tesoura (Deitado)
5. Fazendo Barra
6. Correndo na Ponta dos Pés (Parado no Lugar)
7. Chutando com a Perna Direita (Pro Alto)
8. Chutando com a Perna Esquerda (Pro Alto)
9. Pulando Feito Sapo (Com os Dois Pés ao Mesmo Tempo)
10. Correndo
11. Fazendo Piruetas
12. Agora Estou Pronto pra Tocar
    Vamos a Aula Começar

GRUPO IV..28
1. Respirando Fundo
2. Fazendo Piruetas
3. Andando de Pernas de Pau
4. Andando na Corda Bamba
5. Fazendo Barra
6. Subindo e Descendo pela Corda
7. Saltitando
8. Correndo
9. Girando a Perna Direita em Círculos
10. Girando a Perna Esquerda em Círculos
11. Suspenso na Barra Fixa pelos Joelhos
12. Agora Estou Pronto praTocar
    Vamos a Aula Começar

GRUPO V...34
1. Respirando Fundo
2. Deslizando pela Vara (Pouco a Pouco)
3. Fazendo Barra
4. Fazendo Piruetas
5. Exercício de Bicicleta
6. Spaccato
7. Subindo e Descendo Escada
8. Correndo Morro Abaixo
9. Flexionando os Joelhos
10. O Pulo do Sapo
11. Escalando
12. Agora Estou Pronto pra Tocar
    Vamos a Aula Começar

Muitas pessoas fazem exercícios todas as manhãs antes de sair para o serviço.

Da mesma forma, devemos exercitar nossos dedos todos os dias antes de iniciar a aula de piano.

O objetivo deste livro é auxiliar o desenvolvimento de mãos fortes, dedos flexíveis e precisão de toque.

Os exercícios de dedos devem ser praticados inicialmente devagar e com pouca força, para depois ir intensificando gradativamente tanto a velocidade quanto a força.

Os exercícios de acordes devem ser feitos alternando *mp*, *mf* e *f*, numa velocidade moderada.

Não queira tentar aprender os primeiros doze exercícios de uma vez; estude apenas dois ou três exercícios e pratique-os todos os dias antes de começar a sua aula de piano. Quando esses movimentos estiverem bem dominados, passe para o próximo e assim por diante, até conseguir fazer os doze exercícios com perfeição.

Quando a primeira dúzia, ou o Grupo I, estiver assimilado e sendo praticado com perfeição, o Grupo II poderá ser iniciado, seguindo a mesma conduta.

Quando o método inteiro estiver concluído, quaisquer dos Grupos poderão ser transpostos para outras tonalidades. Aliás este é um procedimento que aconselhamos.

Edna-Mae Burnam (☆1907✝2007)

À Minha Filha Pat

Grupo I
1. Acorde E Espreguice!
(Wake Up And Stretch)

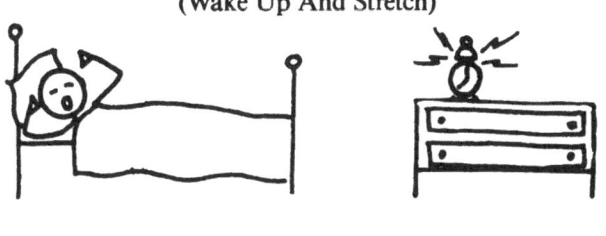

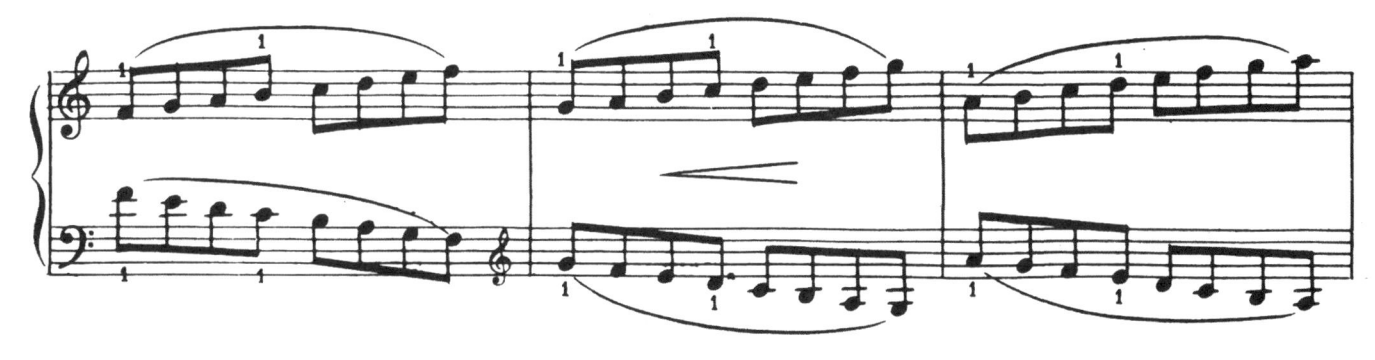

O Despertador

Espreguiçando

2. Escovando Os Dentes
(Brushing Teeth)

3. Descendo Escada
(Going Down Stairs)

4. Fazendo Barra
(Chinning Yourself)

Mantenha os
dedos presos

Toque só com os polegares

5. Andando
(Walking)

6. Correndo
(Running)

7. Pulando
(Jumping)

8. Contorcendo-se Pra Trás
(Backward Bend)

9. Flexionando Os Braços Pra Fora E Pra Dentro
(Flinging Arms Out And Back)

10. Fazendo Piruetas
(Cartwheels)

11. Flexionando O Corpo
(The Push-Up)

Muito *legato*

12. Agora Estou Pronto Pra Tocar
Vamos A Aula Começar
(Fit As A Fiddle And Ready To Go)

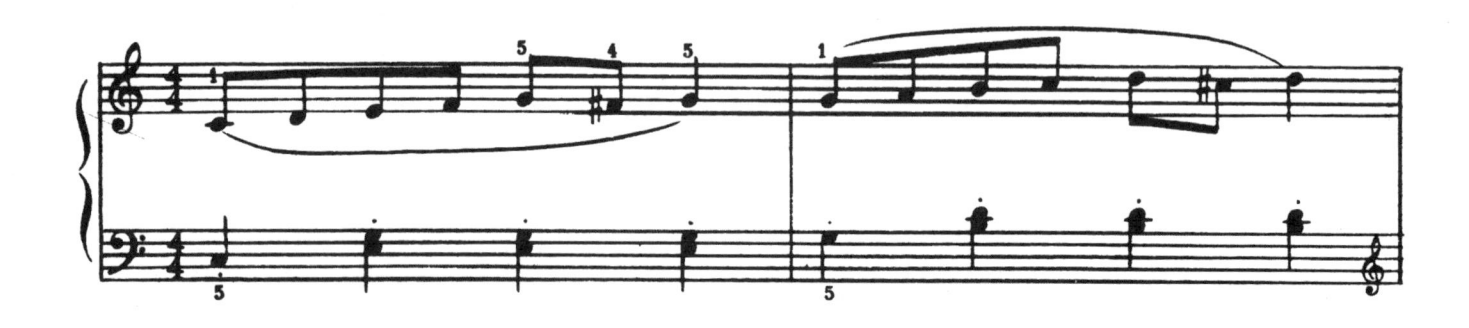

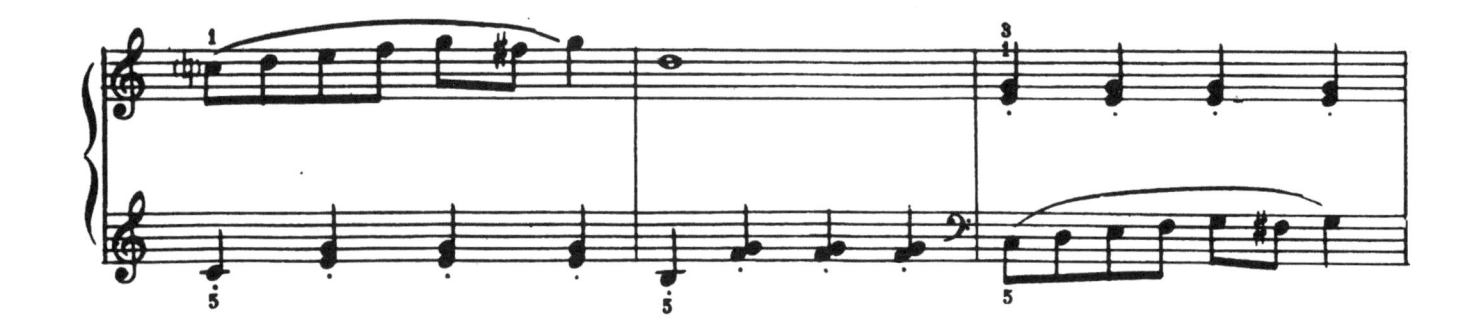

Grupo II
1. Respirando Fundo
(Deep Breathing)

2. Escovando Os Dentes
(Brushing Teeth)

3. Salto Longo
(The Broad Jump)

4. Fazendo Barra
(Chinning Yourself)

Mantenha os dedos presos

5. Escalando (Parado No Lugar)
(Climbing - In Place -)

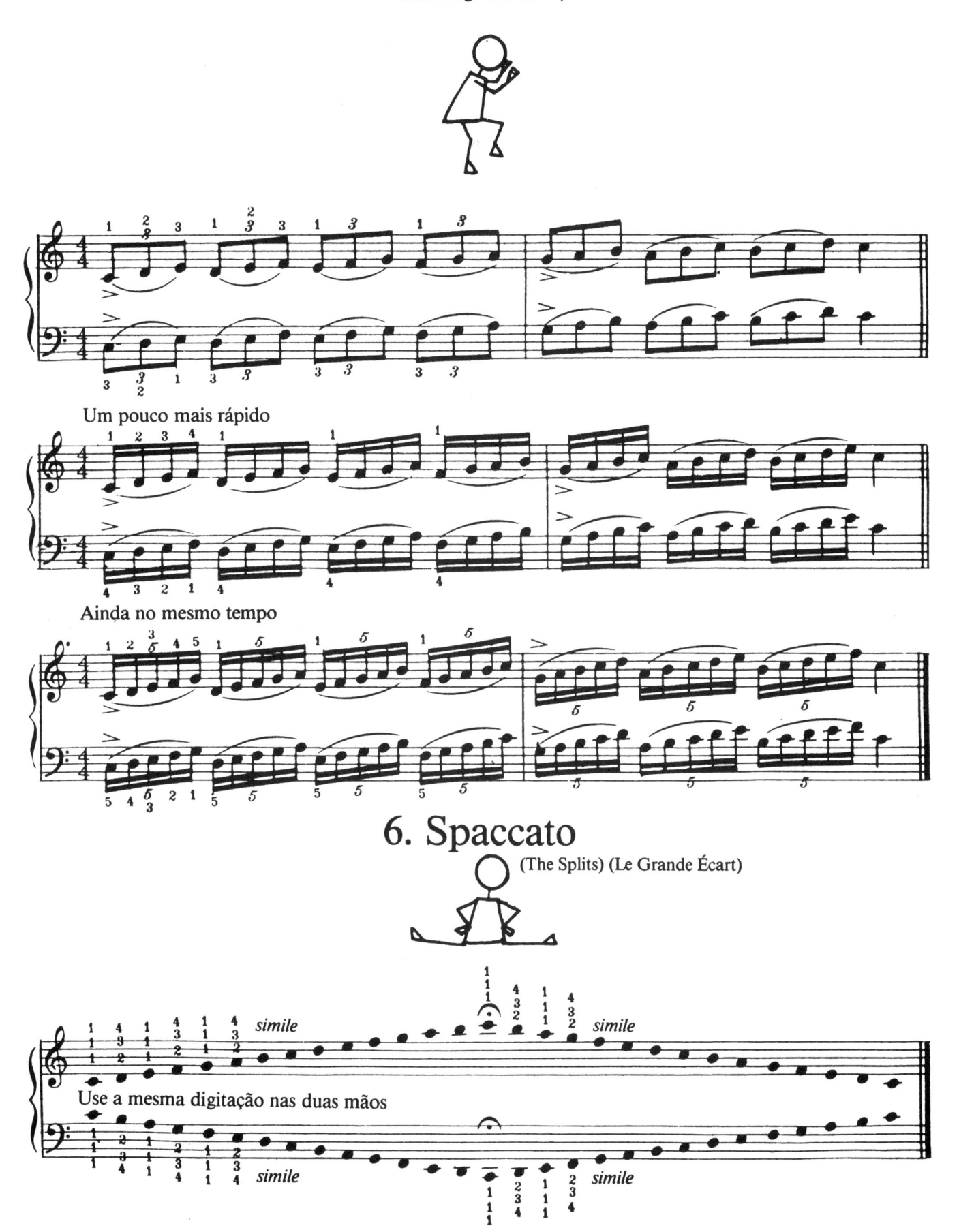

Um pouco mais rápido

Ainda no mesmo tempo

6. Spaccato
(The Splits) (Le Grande Écart)

Use a mesma digitação nas duas mãos

7. Olé
(O-Leary)

Um, dois, três O-Lá-Lá Quatro, cinco, seis O-Lá-Lá
One, two, three O-Lear-y Four, five, six O-Lear-y

Sete, oito, nove O-Lá-Lá Dez, onze, doze O-Lá-Lá Um, O-Lá-Lá, Dois O-Lá-Lá
Seven, eight, nine O-Lear-y Ten, eleven, twelve O-Lear-y One, O-Lear-y, two O-Lear-y

Três O-Lá-Lá quatro Para sempre vou cantar O-Lá-Lá-Lá-Lá,
Three O-Lear-y four I would like to do O-Leary for-for-ev-er-more,

8. O Pulo Do Sapo
(Leap Frog)

9. Batendo Corda
(Jump The River)

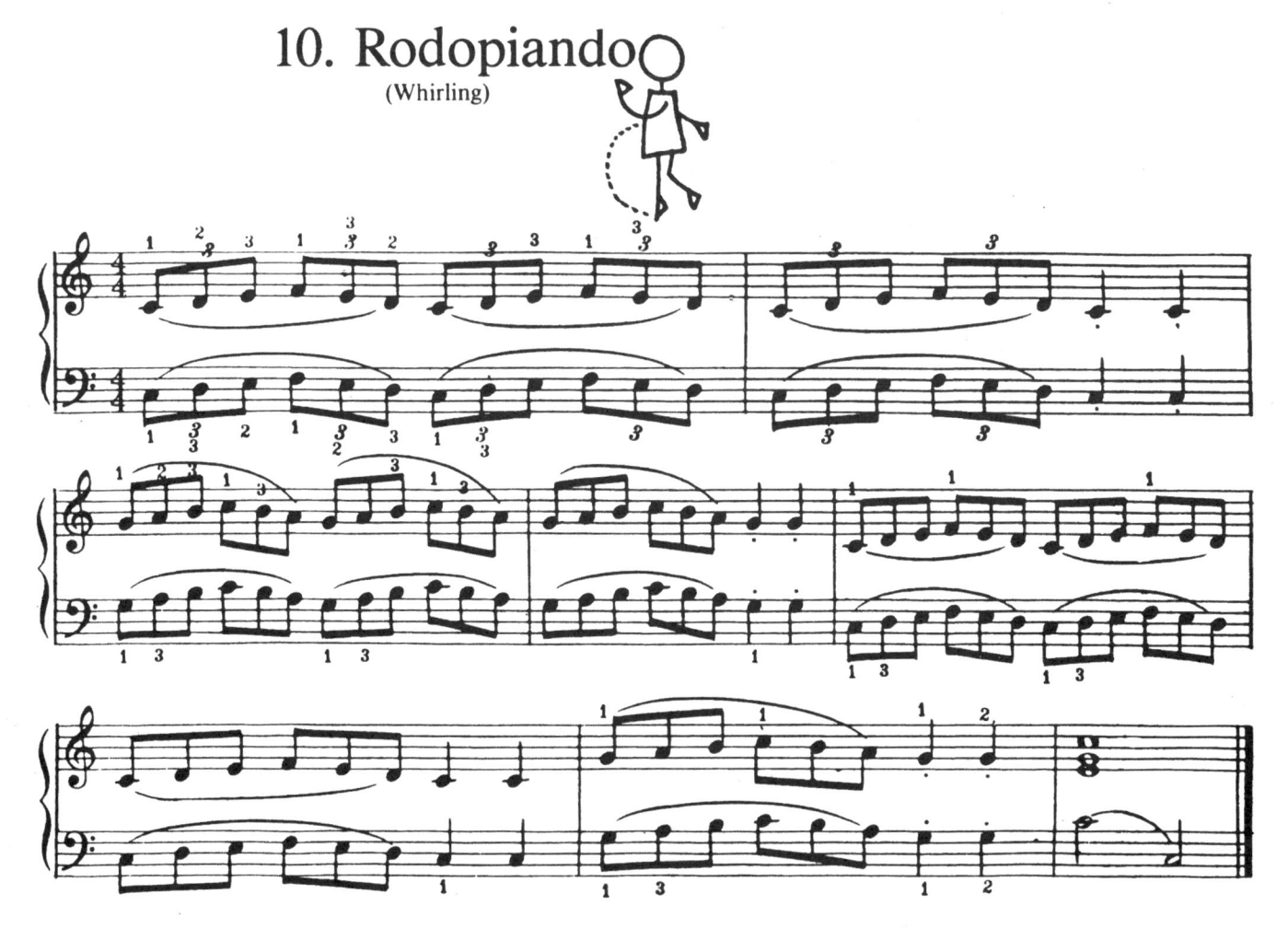

10. Rodopiando
(Whirling)

11. Subindo Escada
(Going Up Stairs)

12. Agora Estou Pronto Pra Tocar Vamos A Aula Começar
(Fit As A Fiddle And Ready To Go)

Grupo III
1. Acorde E Espreguice!
(Wake Up And Stretch)

2. Respirando Fundo
(Deep Breathing)

3. Fazendo Polichinelo
(Jumping Feet Apart And Flinging Arms Out)

4. Cruzando As Pernas Em Tesoura (Deitado)
(Crossing Leg Over - Lying Down -)

5. Fazendo Barra
(Chinning Yourself)

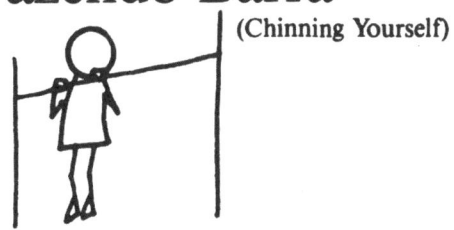

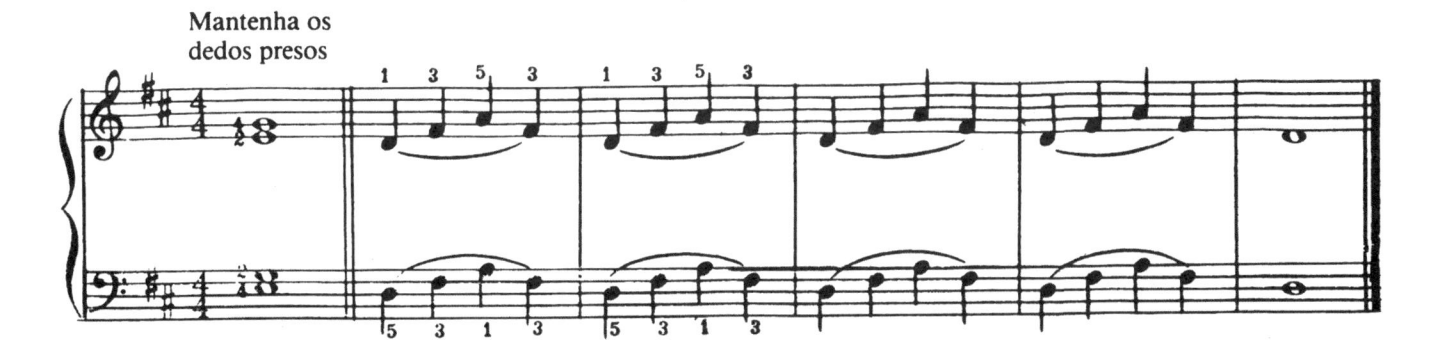

6. Correndo Na Ponta Dos Pés (Parado No Lugar)
(Tip-toe Running - In Place -)

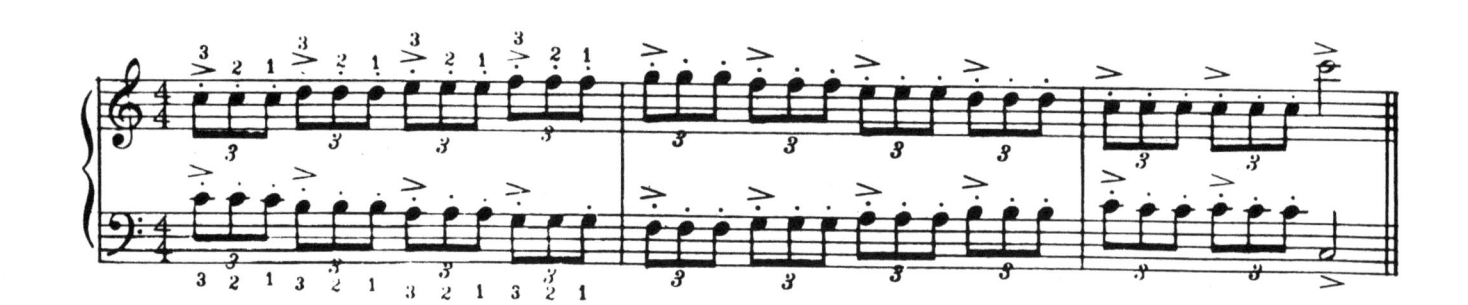

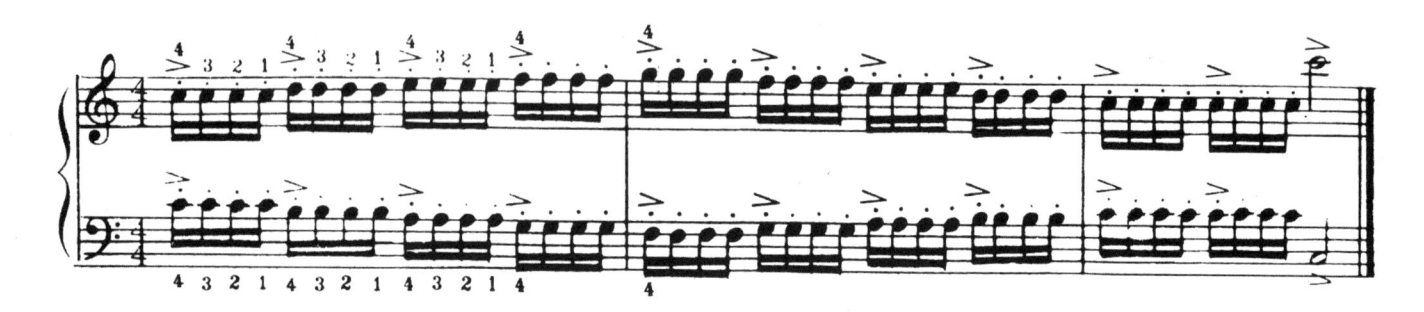

7. Chutando Com A Perna Direita (Pro Alto)
(Kicking Right Leg)

8. Chutando Com A Perna Esquerda (Pro Alto)
(Kicking Left Leg)

9. Pulando Feito Sapo (Com Os Dois Pés Ao Mesmo Tempo)
(Jumping Like A Frog - Both Feet At Once -)

10. Correndo
(Running)

11. Fazendo Piruetas
(Cartwheels)

12. Agora Estou Pronto Pra Tocar Vamos A Aula Começar
(Fit As A Fiddle And Ready To Go)

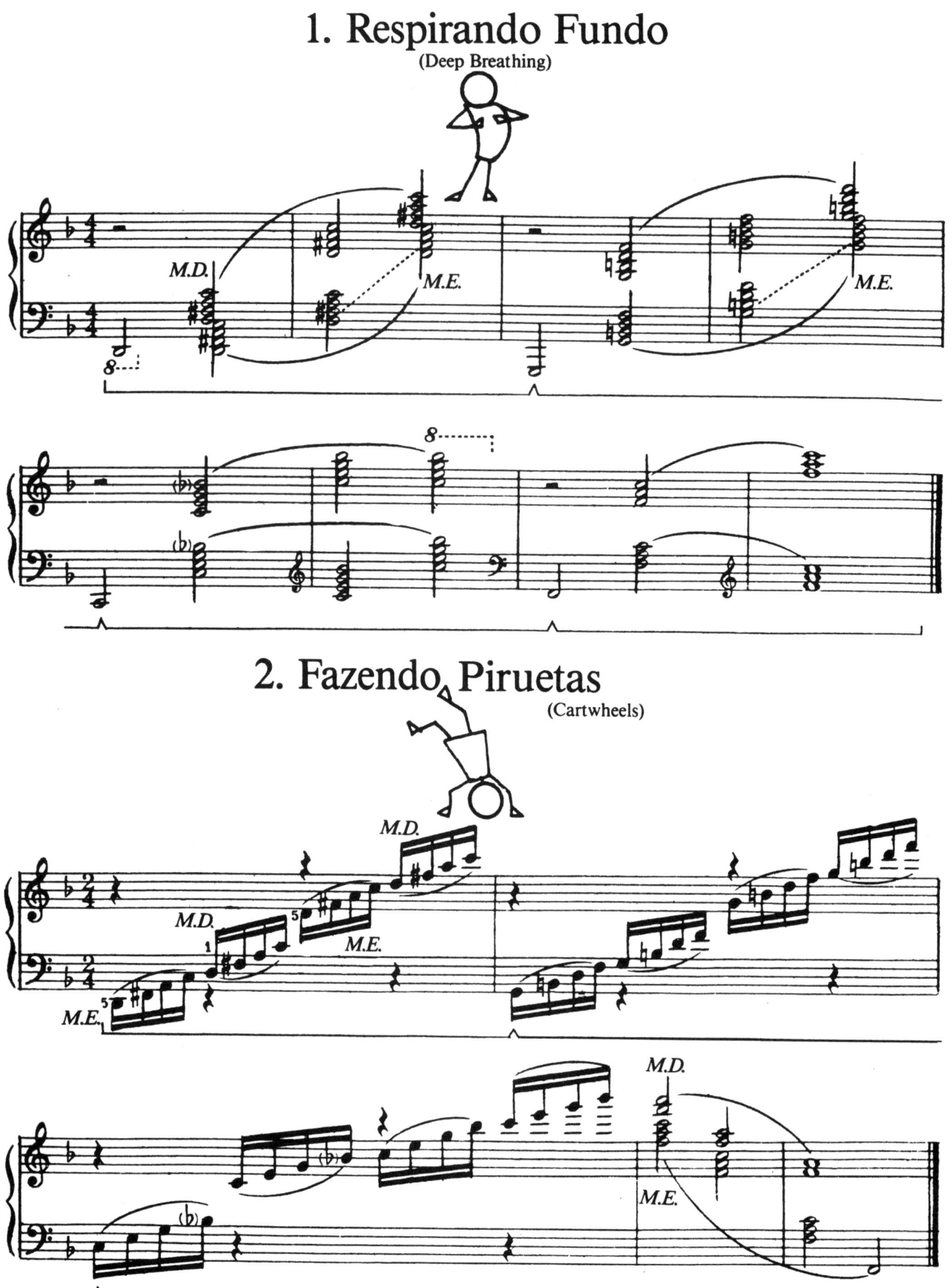

Grupo IV
1. Respirando Fundo
(Deep Breathing)

2. Fazendo Piruetas
(Cartwheels)

3. Andando De Pernas De Pau
(Walking On Stilts)

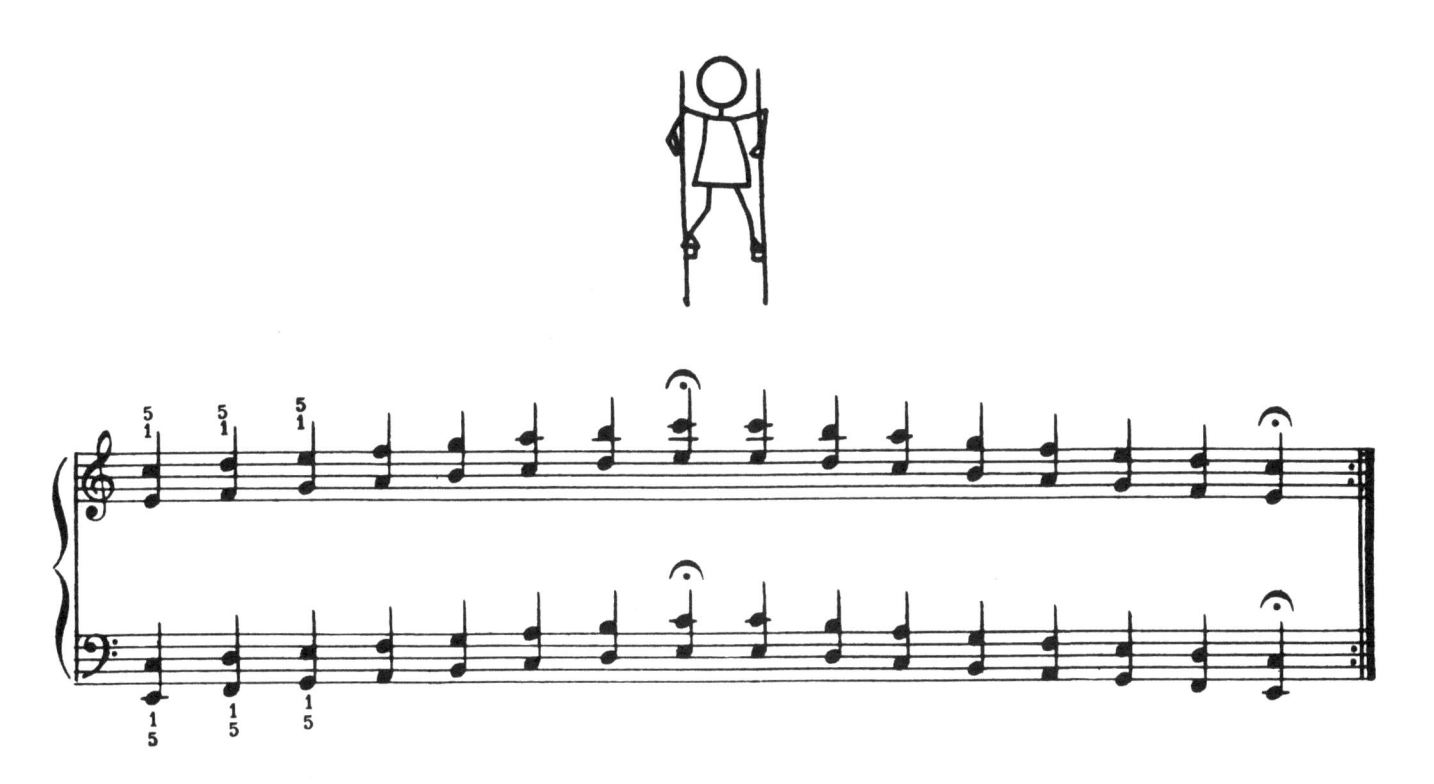

4. Andando Na Corda Bamba
(Walking A Tightrope)

Use a mesma digitação nas duas mãos

5. Fazendo Barra
(Chinning Yourself)

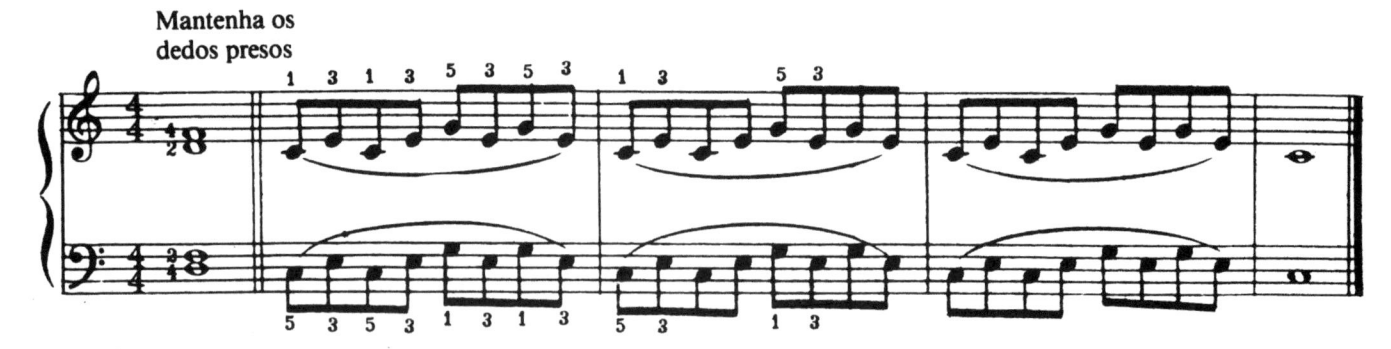

Mantenha os dedos presos

6. Subindo E Descendo Pela Corda
(Going Up And Down A Rope)

Subindo

Descendo

7. Saltitando
(Skipping)

8. Correndo
(Running)

9. Girando A Perna Direita Em Círculos
(Turning Right Leg - Around In A Circle -)

10. Girando A Perna Esquerda Em Círculos
(Turning Left Leg - Around In A Circle -)

11. Suspenso Na Barra Fixa Pelos Joelhos
(Hanging By Your Knees)

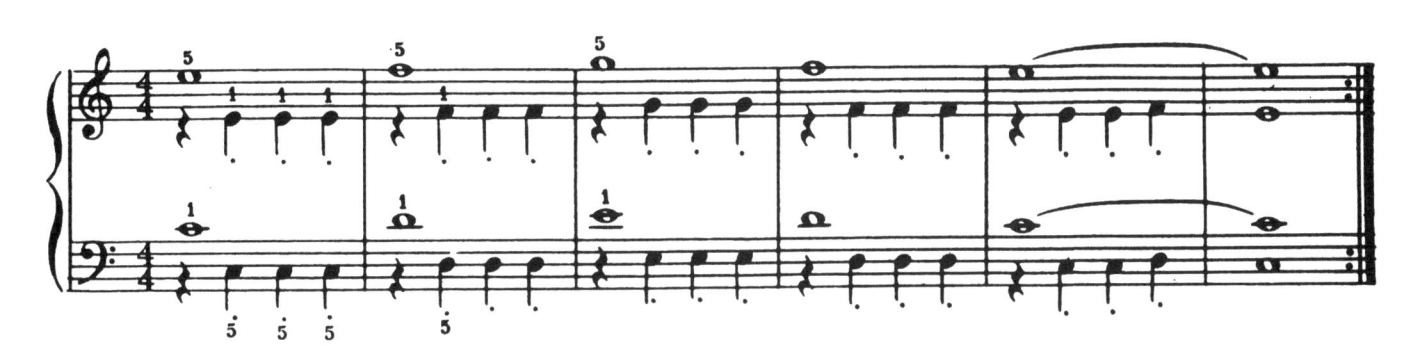

12. Agora Estou Pronto Pra Tocar Vamos A Aula Começar
(Fit As A Fiddle And Ready To Go)

Grupo V
1. Respirando Fundo
(Deep Breathing)

2. Deslizando Pela Vara (Pouco A Pouco)
(Sliding Down A Pole - A Little Bit At Time -)

3. Fazendo Barra
(Chinning Yourself)

5. Exercício De Bicicleta
(Bicycle Exercise)

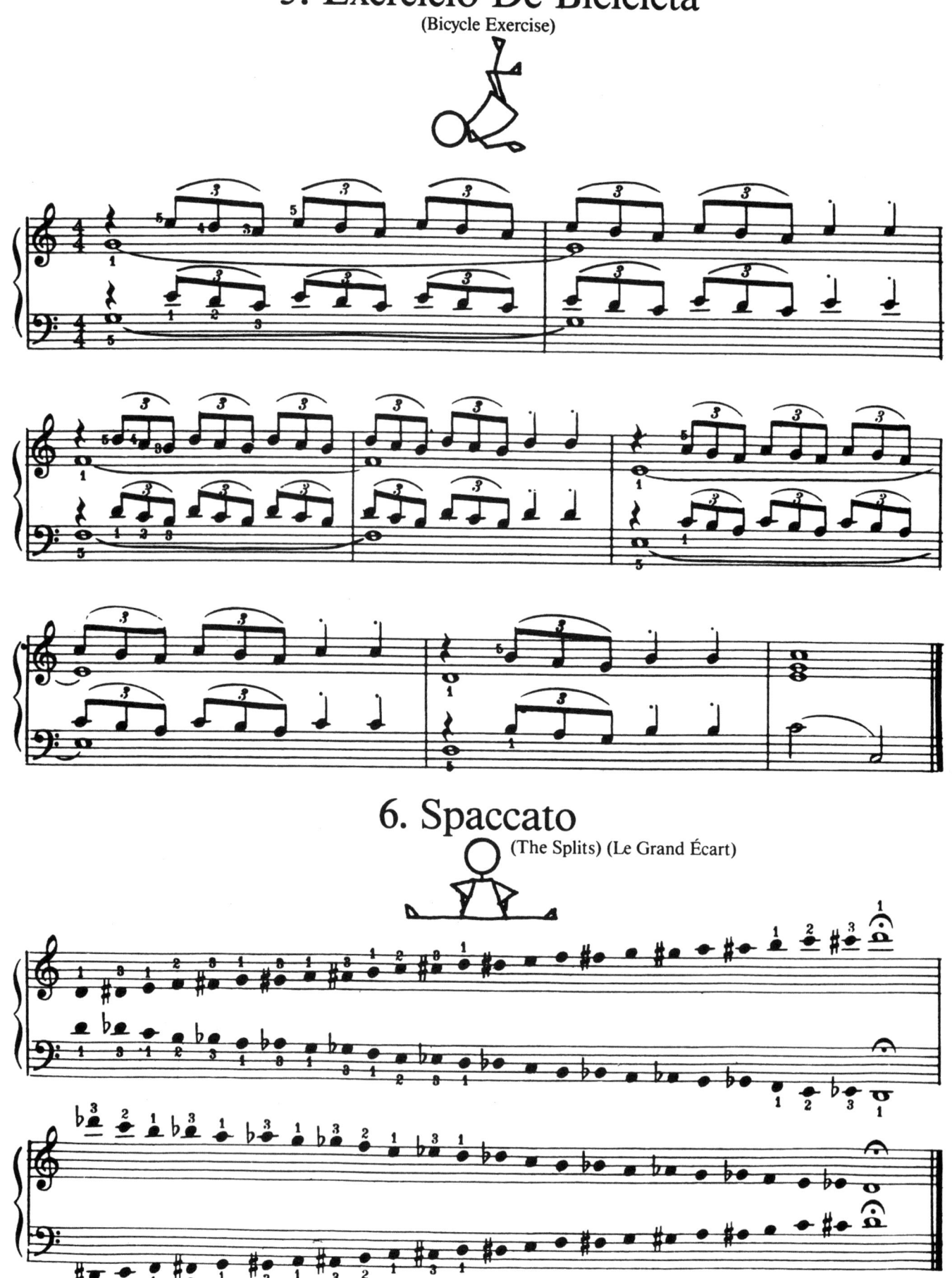

6. Spaccato
(The Splits) (Le Grand Écart)

7. Subindo E Descendo Escada
(Up And Down The Stairs)

8. Correndo Morro Abaixo
(Running Down A Hill)

9. Flexionando Os Joelhos
(Deep Knee Bend)

10. O Pulo Do Sapo
(Leap Frog)

11. Escalando
(Climbing)

12. Agora Estou Pronto Pra Tocar Vamos A Aula Começar
(Fit As A Fiddle And Ready To Go)